今を、生きる
一日一禅

京都大徳寺大仙院閑栖
尾関宗園

KKロングセラーズ

今を、生きる 一日一禅

目次

「死」を考える

死後の世界はあるのか？

老年期は一から出直し、大往生に向かう季節

どこにあなたの「第二の人生」があるのか

「生きる」ことは、「よく死ぬ」ための修行です

平常心、それこそが道

生死を超えて生きる

悩みも悲しみも、まずは寄り添ってみる

すべてこの世は大安楽

「死」を考える　死後の世界はあるのか?

人は死んだらどうなるのか？

まずは私のお答え。

「知らん」です。私、まだ一回も死んだことないもんですから。

こんな正直な、できるだけ軽い乗りで進めていきたいと思います。

「ひょっとして、お尋ねいただいているあなたのほうが、よくご存知なのでは？」

という具合に。


練習不足なんですね、死が怖《こわ》いのは。

でも、死ばかりは、練習することなどできません。これぱっかりは、いくら考えても、どれだけ本を読んでも、勉強したいと思ってもできない。本当のところはだれにもわからない。

でも、わからない、ということは「未知」。

そして、「未知」は「道」に通じます。

そんな「未知＝道」なら何でも楽しい、わからないことは面白い、私はそう考えるんですね。そうすれば、〝希望〟という名前の虹が見えてくる。

死後が怖いのは、「怖いぞ〜！」と怖がらせた人があるから。

本当に怖いかどうかなんて、経験してみなければわかりません。怖いと思ったらますます怖くなる、人間なんてそんなものです。

死後のことをいくら語ったり、何とかして死の恐怖を少しでもなくしたいと思ったところで、そのことにとらわれている限り、自由にはなれません。

〝死〟というもの、まずはそこから離れること。


人間は、始めから終《しま》いまで、こころだけです。

頭の先から足の先まで、肉体はすべて借り物です。

変わらないものは、こころしかありません。

いまこうやって喋《しゃべ》っている、こうやって書いている言葉でさえも借り物。その借り物の寿命は尽《つ》きることはあっても、こころが尽きることはないのです。


だから、〝死〟なんてありません。だから、〝しがない人生〟というのです。

昔は普通の人には墓なんてなかったのです。だから、〝儚《はかな》い人生〟といったのです。

今日あったものが明日はない、そういう時代をいま私たちは生きているのです。

大通りの立派なビルに、昨日まで大きな看板がかかっていたのに、今日はその看板がはずされている、あるいは、そのビル自体がなくなってしまっている、そういうことが現実に起きています。「この前までここにあったでしょう」といっても、「そんな会社ありましたか？」といわれるのです。

〝諸行無常《しょぎょうむじょう》、諸行無常〟と古《いにしえ》の時代からいわれていますが、いまあるもの、形あるものも、ある日ころっと変わってしまいます。そのことをはっきりと目の前に突きつけられている、そういう時代なんです、現代は。

お金や権力も、永遠ではない。すべては借り物です。

はっきりいってしまえば嘘《うそ》です。

こんな坊さんの話、わからん、と思われるかもしれません。

でも、わかるけどつまらん話より、わからんけど面白い話を聞く。この無駄《むだ》は人を輝かせます。

この世は寄り道

人の一生は、生まれてから死んでいくまでの、短い〝仮の命〟をいただいているということ。

肉体は、いわば〝仮の建物〟のようなもの。私たちのこころが、その〝仮の建物〟のなかに住まわしてもらっているだけなのです。

死というのは、その仮の命が終わる、ただそれだけのことです。

そう思えば、仕事での成功や人生の功績などにこころをとらわれることもない。

その短い人生に、鈴木とか田中といった名前をつけてもらって、一人の人間として、生きることに意味を見出《みいだ》すのでもいい。あるいは、私は野に咲く可憐《かれん》な花だ、と思って楚々《そそ》として生きていくのもいい。勢いよく滝を登る鯉《こい》でもいい、川を泳ぐフナでもいい、そういうところにこころを寄せて、〝自分はその子になったんや〟と思って、生きてみればいいのです。

いまここに存在するものは、すべて大自然のなかで生きている、ささやかな〝仮の命〟のひとつ。

朝日を浴びて生き生きと目を覚ます一つひとつの命、それは本当にかけがえのないものなのです。

それがあなたの〝仮の姿〟であったとしても、日々新しく生まれ変わるお日様のように、毎日を生き生きと過ごしていきたい。

親からいただいた命、こうやって育ててもらった命、ありがたい――、そんなふうに思わなければもったいない。いま、ここにあること、それは本当にかけがえのないことなんです。

いままでずっと続いてきた、そしてこれからも続いていく生命路線というものがあって、そこからちょっとこの世に寄り道した、それがあなたの人生だ。

だから、たとえその仮の命は終わることがあっても、その永遠なる生命路線にだれもが戻っていきます。そして命は、祖父母から父母へ、父母から子どもへ、子どもから孫へ……と、ずっと伝わっていくのです。

それがわかったら、「死んだらどうなる?」なんてことが気にならなくなる。

最初から最期《さいご》までこころしかありません。

この本では、そのことをきちんと皆さんにお伝えしたいのです。

生きる価値とは

「死んだほうがマシだ」

というとき、人は自分に生きる価値を見出せないでいます。

しかし、その人が四六時中、そういう思いにとらわれているか、というと、そうでもない。

どんな人も、ご飯も食べればお風呂にも入るだろうし、夜になればきっと布団で眠るでしょう。そのとき、自分の生きる価値とか、自分の値打ちとか、そういうことは忘れているのではないでしょうか。

どんな人にも、自分を生《い》かせる場所があるものです。

その場所に身を置いたとき、人は「あの人にこんな力があったのか」と思うような力を発揮するものです。

ところが、「もう、このへんでやめておこう」と途中でやめてしまったり、「明日頑張ればいい」とものごとを先延ばしにするから、何もかも中途半端になってしまう。そして、「どうせ自分はこの程度だから……」とあきらめてしまう。

禅宗では、人間は自らのうちに、問題を解決できる能力を持っているという立場に立ちます。大切なのは「なにくそ」という気持ちを奮《ふる》い起こすことだけ。そこにちょっと体を持っていくことができるかどうか、それだけなのです。

ものごとには陰《いん》と陽《よう》があるように、人のこころにもまた陰陽があります。そしてそのどち側を照《て》らすかは、すべて自分次第です。

仕事に疲れて、自分の人生に希望が持てなくなったら、疲れるほどまで仕事ができたのだと考えればいい。それくらい頑張れるのなら、どんな仕事だってできるはず。視点を変えることで、ものごとが陰から陽に変わる。そしてこのような陰陽の転換は、だれでも簡単にできます。

山登りだって、途中から辛《つら》くなってくるし、頂上まで登りきるのは簡単なことではないかもしれない。しかし、苦しいと思った分だけ、頂上に辿《たど》り着いたときの喜びも大きい。頂上まで辿り着く、ただそれだけで、苦しみが喜びに変わる。陰から陽に変わるのです。

たとえば、正座をしていたのなら足を少し崩《くず》してみる。しかめ面をして黙っていないで、好きな歌のひとつも口ずさんでみる。頭ばかり使っていたのなら、体を動かしてみる。

それだけで、凝《こ》り固まっていたこころが柔軟になる。自分のなかの生き生きした部分が動き出す。

同じように、死への恐怖さえも、陽に転換できる。

なぜなら、死を考えることは、よりよく生きることを求めることに他ならないからです。

人は死さえも考えることができる

人は死ななければならないのではなく、死ぬことができるのです。

死を考えざるを得ないのではなく、死さえも考えることができるのです。

死をそういうふうにとらえられるとき、あなたと死との間にはそれだけの距離が存在します。

それは、人間のこころのやわらかさであり、人間の尊《たうと》さでもあると思う。

道元禅師《どうげんぜんじ》は、「生をあきらめ、死をあきらむるは、仏家の一大事因縁なり」という言葉を残しておられる。

しかしここの「あきらめる」というのは、投げ出したり途中でやめてしまうということではなく、「明らかにする」つまり「見極める」ことなのです。

修行とは、その真理を求めんがためにするものです。

生と死を両足に構えて、平生《へいぜい》から精一杯踏ん張っておくこともできる。だから人間はすばらしい。

日々新しく生まれ変わる私たち

何度も繰り返しますが、「死とは何か?」と聞かれても、禅宗では答えは全然わかりません。答えなどない、というべきかもしれません。

人生を一枚のコインにたとえてみれば、「表」が出たら「生」、「裏」が出たら「死」。生と死は、表裏一体のものなのです。そして、だれも、死から逃れられない。だれもが、自分の死んでいく人生を歩いているのです。

ところが、死に向かって一歩一歩歩いていくのが人生だとしても、大自然の生き物が毎朝生き生きと目覚めるように、私たちも日々新しく生まれ変わっていくことができます。

大仙院を訪ねてくださる方々は、毎日自分の新しい世界を開拓しておられる方々ばかりです。生き生きと自分の命を消化していくために、ここまで足を運んでくださっている。

本当は、大仙院の庭を見にこられたわけでもないし、大徳寺《だいとくじ》の歴史を勉強しに足を運んでくださっているわけでもない。ましてや私の話を聞きにこられたわけではないのです。

自分は何のためにここにいるのか――。

その方々を相手に、自分は何をすればいいのか、と考えるとき、私がやるべきことは、衣《ころも》を整えて、頭を剃《そ》って、庭を掃《は》き清め、きちんと用意しておく――。私にできることはそれだけで、それこそが大事だと気づかされる。

そうすれば、「こんにちは」と生き生きとした声で挨拶《あいさつ》をして、玄関を入ってきてくださるお客さんに、こちらも同じ気持ちで〝待っていましたよ〟と、こころからお迎えすることができる。

しかし、日々こういう気持ちでいられるかというと、これがまた、なかなかに難しい。「こんにちは」と挨拶されて、〝返事をせんならん〟という気持ちでいると、「いらせられませ」という言葉が出てこない。〝ありがたいなあ〟という気持ちが出てこない。

日々そういう気持ちになれるように、大仙院で修行させてもらっている――。そうやって、日々私自身を活性化させてもらっている――。

これは本当にありがたいなあと思う。


死んでいく人生だからこそ、活性化できる。

自分にできることは自分を活性化させることしかない。

日々一生懸命に自分を活性化させる努力をしていれば、「死んだらどうなる?」などと考えている暇《ひま》はないのです。

「死後の世界」という穴

いまこのときが大事だと思うと、つい廊下も走ってしまう。

夜中に暗い廊下を歩いていて、ついうっかり足を踏みはずし、庭に落ちてしまうこともある。

この年齢になると、いつ、どこで、転んだり、頭をぶつけたりして死んでしまうかもわからない。

そのとき、「和尚《おしょう》さん、あんなに走らなくてもよかったんですよ」と笑いながら見送ってほしいのです。

「大変でしたね」といわれるのは重たい。最後まで気持ちよく、「面白い人でしたね」といってもらいたい。

そういうふうに死を迎えられるのなら、死は恐れるものではないと思えてくる。

「死は恐ろしいものだ」という罠《わな》や網《あみ》があると、ついはまってしまう人がいる。そういう人に限って、そういう罠や網のほうへ吸い寄せられるように近づいてしまう。

「あんなやつのために、なんでワシが自殺せんならんのや、と思うような人に馬鹿にされて、そのへんにある鉛筆で喉《のど》を突いてでも死んでやろうかと思うくらいに悔《くや》しい」

と相談にこられる人がいる。そこから何とか逃げ出したいと、必死に助けを求めてこられる。

そのたびに、私も死の近くまでいって、その人のお話を聞く。私がそういう人の話を伺うことが多いのは、たまたまそうやって死の近くまで何度も自分の体を持っていっているからでしょう。

禅の坊さんのなかには、〝死後の世界〟という穴へ落ちないように、ギリギリのところで、そのまわりを走り続けている人も多いかもしれない。

穴というものは、なぜかはまる、はまると思うと、本当にはまってしまう。そう思うのも、体を持っていってしまうのも自分。

そこから体の向きを変えて、反対方向に走っていけばいいのだと気づけば、穴にはまることもない。

苦悩とは、そういう罠や網が張られた〝死後の世界〟という穴に、自分から一歩一歩向かっているから生まれてくる。
「死後の世界とは何か？」と聞かれても、その反対方向にそのまま走り去ってしまえる自分を作る。

何も難しいことではない。
好きな歌のひとつでも歌えばいい。
ちょっと体をずらす。
それだけで、道は開けてくるものです。

老年期は一から出直し、大往生に向かう季節

毎日が修行道場

「いまこそ出発点」

人生とは毎日が訓練である
わたくし自身の訓練の場である
失敗もできる訓練の場である
生きていることを喜ぶ訓練の場である
いまこの幸せを喜ぶこともなく

いつどこで幸せになれるか
この喜びをもとに全力で進めよう
わたくし自身の将来は
いまこの瞬間にある
いまここで頑張《がんば》らずにいつ頑張る

これは、大仙院《だいせんいん》を訪ねてくださった方々に、いつも私がお話しする言葉です。

そして、いつも自分自身にいい聞かせている言葉でもあります。


いまやるべきことをいますぐやる――。

いま生きていることを喜ぶ――。

それは、自分を大自然のなかで生き生きと生きる、動物のような存在にすることです。あれこれと理屈をつけて、今日やるべきことを明日に延ばしたり、明後日にしようと思ったりするのは人間だけです。
いまの自分の生活のなかに、喜びを見出せず不満を抱くのも人間だけです。

この大仙院で、自分を生かしきらずに、どこで自分を生かせるか――。
この大仙院での生活のなかに喜びを見出せずに、どこに幸せなどあるのか――。

申《さる》年生まれの私は、自分を大仙院という檻《おり》のなかで飼われている猿だと思っています。でも、ただおとなしく檻の中で飼われているだけの猿ではなくて、エサをくれるお客さんに噛み付くくらいの、元気のいい猿でありたいのです。
そういう気持ちで、一日一日を喜びとともに生きています。

若い頃にしてこなかった勉強を、いまになって一生懸命やらせてもらっています。
そしてそれがすごく楽しい。

日々何事も勉強だと思って必死で取り組む、そしてそういうことができる自分をありがたいと思う、そういう姿勢は、周りの人を引き付けます。

だからこそ、これほど多くのお客さんが、京都の北のはずれにある大仙院まで、足を運んでくださるのでしょう。

修行とは、どこかの禅寺の道場に足を運んで、座禅を組まなくてもできるのです。いま自分が置かれているところで、いかにして自分の花を咲かせるか——。

そのためにいまを一生懸命に生きる、それこそが、修行。

あなたの修行道場は、いまあなたが置かれているその場所でしかない。そして、毎日が修行の連続なのです。

「老いる」とは、自らの汚れに気がつくようになること

人間は完璧《かんぺき》な存在としてこの世に生まれてきます。

しかし、大きくなるにつれて、いつのまにか肩書きや権力、お金といった欲望にまみれ、少しずつ汚《よご》れていく。知らず知らず、それらにしがみつきたくなる。「幼な子が次第次第に知恵ついて　仏と遠くなるぞ悲しき」という歌もあるほどです。

老《お》いるということは、そういう自らの汚れに気がつくようになること。いい換えれば、自分の欲望のむなしさに気がつく、それが歳をとるということです。

そういったもろもろの欲望を一つひとつ捨て去り、こころの汚れを少しずつ落としていく——、それが老いるということ。いい換えれば、生まれた頃のような純粋なところに立ち返っていくということでもあります。

老年期は、いわば、一から出直し、大往生《だいおうじょう》に向かう季節ともいえます。

ところが、実際は、上手に老いるということは本当に難しい。

会社を退職すれば肩書きがなくなる。上司や同僚、部下ばかりでなく、取引先や仕事上での人脈にも、いったんピリオドが打たれる。

自分の話を聞いてくれる人がいない、あるいはだれからも構ってもらえないことにある日突然気づく。あるいは、自分の家庭に居場所がないことに、改めて気づく人もいるでしょう。

再就職できたとしても、以前のような高いポジションで、思い通りの仕事ができる人はわずかです。いままでの部下だった人が、自分の上司になることもあるでしょう。当然、給料だって大幅にダウンするのが普通です。

そんなことが続くと、それまでだったら理性や知性で抑《おさ》えられた感情を抑えることができなくなります。つい大きな声で、「ばかやろう」といってみたくなる。

いつまでも自分の欲望から自由になれないと、自分は狐《きつね》よりもえらいとか、蛙《かえる》よりもえらいとかと思いたくなるものです。

何かに執着すればするほど、こころが頑《かたくな》になってしまいます。

上手に老いるとは、何ものにもとらわれない自由なこころになることです。

「人が人として生きる道とは……」と考え、自分を鍛《きた》え、こころに養《やしな》いをつけていく。

そうすれば、生にも死にも、何一つ恐れるものはありません。

人は忘れるから面白い

もがいたり、苦しい思いをしても、その場で忘れてしまう。忘れてしまうからやっていける。
だから人間は面白い。

入院したり、大病《たいびょう》をして死ぬような思いをしたところで、いつしかその辛《つら》さも薄れていく。だから生きていける。

以前、検査入院したときに、病院で同室になった男性の方の話をしたいと思います。

その人は、お医者さんに向かって、

「医者に診察してもらっても、『俺は命なんか惜《お》しくないんだ』というようなバカなことをいってしまう。人にもそれが男らしい行為のように伝えてしまう。

本当は途中で投げ出している、弱音《よわね》を吐《は》いているくせに、『俺はこんな目にあってまで辛抱するつもりはないんだ』と命を捨てようとする。

それをどうして医者は受け止めなければならんのか。いままでのカルテもレントゲンも全部捨ててください」

と大きな声で訴えられていた。

思いがけず聞こえてきた言葉に、思わず自分も苦しくなってしまいました。そしてその言葉がこころにひっかかって、メモに書き留めておいたのです。

最近は、どんなことも、何かに書き留めなければ忘れてしまう年齢になってしまいました。しかし、歳をとるにつれて忘れやすくなるというのは、うまく老いていくための恵みなのかもしれません。

人間は辛いことも苦しいことも、忘れられるから生きていける。

小さい頃に地獄絵を見せられて怖《こわ》い思いをした人も、科学では人は死んだらだんだん腐《くさ》って朽《く》ち果てるだけだと学んでも、いまあなたは生きている。

普段、毎日の生活を真面目《まじめ》に頑張《がんば》っている人は、生きているだけで忘れていくことができる。だから気楽に生きられる。

忘れるから面白い、といえるようになるまでには時間がかかるとしても、忘れることはありがたい。

まずはそこから、まずは気楽に。

千里の道も一歩から

この道を行けばどうなるものか――。
すべてはそこから始まる。
道は必ずそれから始まる。
危《あや》ぶむなかれ。危ぶめば道はなし。
踏み出せば、その一歩が道となり、
踏み出せば、その一足が道となる。
危ぶむなかれ。

迷わずに生きろ。
行けばわかるさ。

千里《せんり》の道も一歩から。
そして、その一歩一歩が大事なのです。
自分の足で歩いていく、そういう習慣を、若いうちに体にしみこませる。その大切さをこの言葉は教えてくれます。

そうやって身につけた、勉強するくせとか、運動する習慣とか、努力するくせは、歳をとってから生きてきます。

この歳にもなると、病気でしばらく寝込んでしまうと、体を動かすにもリハビリが必要です。

病院の看護師さんたちは皆さんとても優しい。「ちょっと右足から歩いていただけますか。次は左足を出してくださ い」と手をとっていってくださる。でもこれでは、少しも運動にはならない。

自分がやろうと思わなければダメなのです。

自分をどういうふうに鍛《きた》えていくのか、自分をどう作っていくか、自分がなりたいのは何なのか、そこに意識を集中させる。

人にやってもらうことではない。あいつが悪いからできないんだ、といっている場合でもない。あいつは悪いやつだとか、こいつはいいやつだとか、周りの景色を見て、あれこれいっている場合でもない。

夜討ち朝駆けで、寸暇《すんか》を惜しんで勉強する。

「それ、ちょっと私にやらせていただきたいんです」といえる自分になる。
そういう習慣がついていないと、歳をとってから何の役にも立たなくなる。
老いて、ただ生きているだけでは、屑《くず》と同じ。人生、アウトになってしまう。

人生とは、千里の道を一歩一歩歩いていくようなもの。
千里の道は遠い。
しかし、恐れることなどない。
一歩を踏み出せば、次の一歩が見えてくる。

どこにあなたの「第二の人生」があるのか

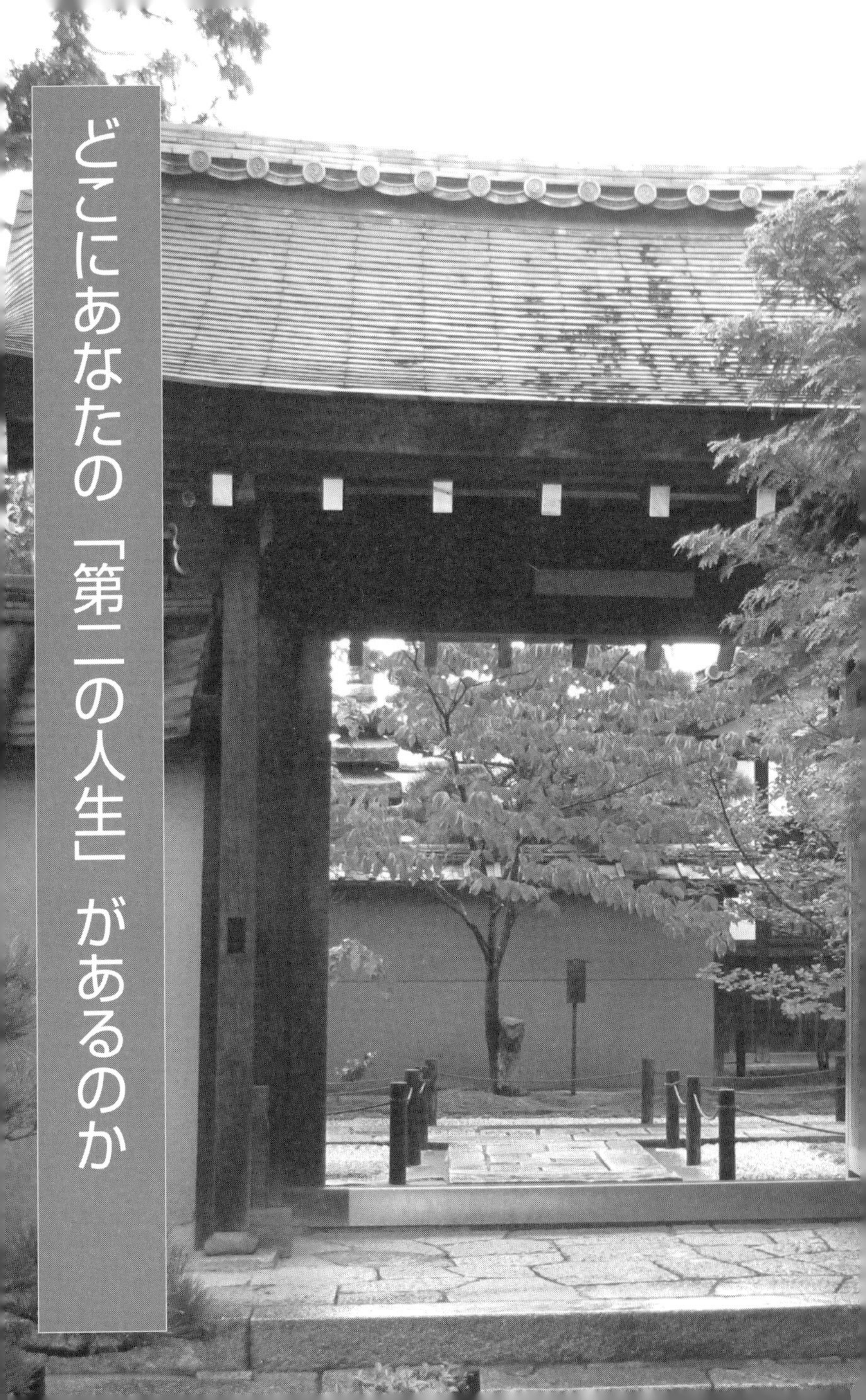

第二の人生などありません

どこにあなたの「第二の人生」があるのでしょうか——。

自分の人生は、たった一度きり。生まれてから死ぬまで、区切りなどないのです。これまでも、そしてこれから先もずーっと続いていく、たったひとつの人生があるだけです。

人生に「第一」も「第二」もないのに、そろそろ定年を迎えつつある団塊の世代の方々が、「第二の人生」などという口当たりのいい言葉に踊らされている。退職後に何をすればいいのか、迷っている人も多い。

「死んだらどうなるのか？」と考え始める人も少なくないと聞く。

確かに五十代後半ともなれば、長年働き続けてきて、病気に倒れることもあるでしょう。親の死や親しい友人の死に遭遇し、自分のこれからについて考えさせられることもあるかもしれない。死を身近なものとして、考えざるを得なくなるというのもわからぬではない。

しかし、死にとらわれてしまうと、そこから自由になれなくなる。

確かに人生の節目《ふしめ》となる時期に、これからの生き方について考えるのはいい機会かもしれません。

人間は、大きなトラブルに巻き込まれたり、事故にあって死ぬような思いをしたり、思いがけず大病《たいびょう》にかかって入院でもしなければ、自分の死について考えることなどないのです。

人間は本来、死というものにとらわれずに、生きていけるようにできているのです。

自分の置かれている場所が変わろうとも、その場所で、一生懸命生きることなしに生きる喜びは得られません。

大事なことは、いまそのときを一生懸命に生きること。

将来のことなど、そして死後の世界のことなど、だれにもわからないのだから。

人間は本来無一物

権力や金銭を失うことを怖《こわ》がる人がいます。
そういうものがなければ、生きていけないと考えてしまう。

しかし、昨日まで権力を誇《ほこ》っていた人が、今日はその座から引きずり下ろされる。あるいは逮捕される。何億というお金を動かしていた人が、一瞬にしてその富を失う。
そういうことが現実にいくつも起きています。

権力や富といったものは、移ろっていくもの。それなのに、人は往々にして、目の前にある権力に、富に、目を奪われ、こころを乱されてしまいます。

人間は本来無一物。裸で生まれ、裸で死んでいく——。

頭ではそう理解していても、長年執着してきたものを捨て去るのは簡単なことではありません。

禅の世界に興味を持つ人が増えているのもそういう理由からでしょう。

禅では、地位や名誉、お金や権力ばかりでなく、言葉や身体さえも本物ではないと言い切っています。

『般若心経《はんにゃしんぎょう》』にも書いてあるように、すべては〝空《くう》〟なのです。

もっともらしく、〝これこそが本物です〟などと目の前に取り出して見せることなどできません。そういうものから自由になること、それこそが悟《さと》りであり、救いでもあると教えています。

自分を磨《みが》くために、いまここで自分に与えられた仕事を一生懸命頑張ること。
〝本物〟は、あなたのこころのなかにしかありません。
そうわかれば気楽になれます。
恐れるものなどなくなります。
そのための禅なのです。

既成概念に腰かけていないか

現在ある形のままで、同じことをやっていればいい、そんなふうに考えているから、既成概念《きせいがいねん》に腰を下ろそうとするから、生きていくのが辛《つら》くなる。

正座を長時間続けていると、血がめぐらなくなってすぐに立ち上がれない。自分の足なのに、思うように動かせなくなる。

病気で寝たきりの人が床ずれになるのも、体の重みでぐっと血管が押さえつけられてしまうから。体が動かないから、体重で押さえつけられた部分に血が流れにくくなって、その部分の組織が使い物にならなくなるのです。

川のように大きな流れをせき止めようとすると、どんなものも壊《こわ》れてしまう。いまあなたがとらわれている既成概念とは、そういう流れをせき止めようとする堰《せき》に他なりません。

「既成概念に腰かけようとしていないか?」と自分に問うてほしいのです。

そこに座り込もうとしたとたんに、こころの平安が失われます。こうあるべきだとか、こうでなければいけないという既成概念にとらわれてしまうと、少しもラクにはなれません。

あの人がこの件に口出しするのは筋《すじ》が違うとか、仕事がうまくいかないのは上司のせいだとか、部下が悪いからだとか、子どもがいじめられるのは先生がちゃんとみてくれないからだとか、そんなことばっかり考えていたら、少しも落ち着かない。迷いばかりが生まれてくる。

禅寺に行って、どれだけ座禅を組んでみたところで、自分が変わらなければ何も変わりません。

数学や英語の教師は、自分の科目のことだけわかっていればいいと考えている人が多い。それだけやっていればいいと、その場所に腰を下ろしてしまいがちだ。しかし、いまある形のままで、将来もずっと同じことをやっていけばいいと思っていたらダメなのです。生徒も変われば、求められるものも変わっていく。形あるものは常に移ろいます。

大事なことは、数学や英語がわかるということではなくて、勉強するくせをつけること。努力する習慣をつけること。

体に覚えさせること、それが歳をとってから大事になってきます。

戦後の混乱期、いくら銀行にお金を持っていても、預金封鎖されれば使えませんでした。お金の価値がどんどん下がり、紙切れ同然になってしまいました。そういう経験を私は実際にしてきています。

形あるものの価値など、時代とともに移ろい、変わってしまうのです。

古歌に、「張れや張れ　ただゆるみなき梓弓《あずみゆみ》　放つ矢先は知らぬなりけり」というのがあります。

この歌は、先のことはわからなくても、いまできること、いまできる勉強を全力投球でやることが大事、何事も真を尽《つ》くすこと以外にないと私に教えてくれます。

既成概念にとらわれない、自由自在なこころを持ちたいものです。

しかし融通無碍《ゆうずうむげ》に生きるには、いま、ここ、にこだわって生きるしかないのです。

いま、ここで頑張る

「いまここで頑張らずにいつ頑張る」といつも繰り返している私に、ある人がこういいました。

「頑張っても頑張っても、自分ではどうにもならないときは、一体どうすればいいんでしょうか」

頑張ってもどうにもならない、などといえるのは、本気で頑張っていないからではないでしょうか。

本当に体ごとぶつかっていれば、どうにもならないなどと考えている暇などありません。

自分にできることをやりきらないで、結果だけを気にしている。だから「どうにもならない」などと考えてしまう。

自分にできるところから一つひとつ、精一杯頑張るより方法がないとあきらめる。

結果にとらわれると、いまを見失う。

死んだ気で頑張ると決めれば、いまをおろそかにすることもない。

「生きる」ことは、「よく死ぬ」ための修行です

転がせ　転がせ　角がある
もっと転がせ　角がある

これは、達磨《だるま》の絵を描いたときに必ず添える言葉です。

人間は本来、和《なご》やかに生まれてきています。丸みのある、角《かど》のない、丸いこころで生まれてくるものです。その生まれながらの仏性をそのままの形で持ち続けていられればよいのですが、人間はどうしても俗世間《ぞくせけん》のなかで汚《よご》れにまみれて角張《かくば》ってしまうのです。

そのままそこで動かないでいると、ただ汚れが積み重なっていく。角がますます大きくなって、動かせなくなってしまう。

だから、まずはそこからちょっと体を動かす。動き出すことができたら、転がしてみる。加速度がついてくればしだいに角は少しずつ磨《す》り減って、こころに丸みが戻ってきます。


人は勉強するために生まれてきたのではないし、仕事をするために生まれてきたのでもない。どんなことも〝しなければならない〟と思うと角ができてしまう。

無理やり勉強するのではなくて、勉強せざるを得ないところに自分を持っていってしまう。畑を耕《たがや》すにしても、自分が畑を耕さざるを得ないような場所に体を持っていってしまうことです。

そういうふうに体を少し動かしてみることから始めてみる。

運がいい人というのは、そういうふうに体を自分で運べる人のことなのです。

人生の運びがよくなれば、運はどんどんめぐってきます。

独生　独死　独来　独去

弘法大師《こうぼうだいし》の言葉に、次のようなものがあります。

生れ生れ生れ生れて生のはじめに冥《くら》く
死に死に死に死んで死の終わりに冥し

人は生まれてくるときも一人、死ぬときも一人。
一人この世にやってきて、一人で去っていく。

その人生でどれだけ多くの人と出会い、多くのものを学び、幸せを得たとしても、
いずれだれもが一人で死んでいく。
そう覚悟を決めれば怖《こわ》いものなどなくなります。

生《しょう》死《じ》一《いち》如《にょ》

「死ぬ人の言、これぞよし」という中国の諺《ことわざ》があります。

「生きながら死人となりてなりはてて　思うがままにするわざぞよし」と歌ったのは、白隠《はくいん》禅師の師の師である、至道無難《しどうぶなん》禅師です。

「事の成らざるは、無常を思わざるがゆえなり」と道元《どうげん》禅師もいっています。

死んだ気になって生きてみることで、真実が見えてきます。

いったん死んでしまったものとして人生を眺《なが》めてみると、「生きる」ということは、

「よく死ぬ」ための修行をすることなのだとわかります。

何事もやりとげることができないのは、自分はまだ死なないだろうと思っているからです。

いまこの一瞬、一瞬を生ききることの大切さをこれらの言葉は教えてくれます。

人間、いつ死ぬかわかりません。生きるということは、常に死と隣り合わせなのです。

しかし、死を恐れると、よく生きることはできません。

だからこそ、あえて死を自らの傍《かたわ》らに置いて生きていく。それこそいったん死んだ気になって生きてみる。それが「生死《しょうじ》一如《いちにょ》」という生き方です。

生きていれば、さまざまな苦労もあります。辛いことも多い。お釈迦《しゃか》様でさえ、生きている限り「老」「病」「死」からは逃れられないとおっしゃっている。

そういったもろもろのことから逃げたい、逃げたいといくら思っても、だれも逃げることなどできません。それならば、正面から向き合って、いまを精一杯生ききる、そこにしか道は開けてきません。

「死」から自由になるには、「人は死ななければならない」と考えるのではなく、「人は死ぬこともできるのだ」と考えてみる。

「生きたい」と思うのではなく、「生きさせていただいている」と考えてみる。

そう思えれば、心も軽くなる。

わからないと悩むなら、わかろうとするのをやめてみる

「無」がどんな感じかわかったら、「無」とはいえません。
「無になる」とか「無心」というのは、何もない状態です。質問も答えもありません。

「死」も同じようなもの。
人は生まれたら必ず死ぬ。それだけです。
まだ死んだことがない私でも、これだけは自信を持って断言できます。

だから「死」について、あれこれ思い悩むよりも、いまを一生懸命に生きる。自由自在に生きるには、なにものにもとらわれないこころを持つことです。

わからないと悩むのなら、わかろうとするのをやめてみる。そこから距離を置く。それだけで、ふっと楽になる。

こころはそれほどに自由なものです。こころが自由になれば、どんな試練も、どんな不運も、何もかもがありがたい。雪月花をめでるこころも生まれてくる。

その瞬間、なにものにもとらわれない空っぽなこころになる。

それを禅では「空《くう》」といいます。

「旗の動くにあらず、風の動くにあらず、汝がこころ動かす」という言葉もあります。

つまらん妄想や分別から自由になる。
そうすれば人生は楽しいし、生きることは面白い。

妙明真心《みょうみょうしんしん》

汚れなく明るいこころ——真実の光のことを、妙明真心《みょうみょうしんしん》といいます。これは、私がいまとても大切に思っている言葉のひとつです。

ものごとをありのままに見る力を失っている大人たちは、子どもの純粋さ——汚れなく明るいこころ——に学ばなければなりません。

たとえば、両手を叩《たた》いて、「この音、なんと聞かれましたか？」と大人に聞くと、「トンと答えようか、ボンのほうがいいのか、それとももっと面白い答えを出したほうがいいのか……」と、あれこれ思案したり、相手のこころを読もうとしたりします。ところが子どもたちは、何の迷いもなく、私と同じように両手を叩いて、「和尚さん、この音でしょう」と素直に返してくる。

「一たす一は？」と尋ねれば、「何で私にそんなことを聞くのか？ からかっとるんじゃないか？」と大人は考えてしまう。ところが子どもたちは、「一たす一でしょう」とそのままの形で返してくる。

心根《こころね》の底にある、純粋で明るい光をそのまま輝かすことができるのは、子どものこころに曇りがないからです。

「柱は縦に、敷居は横に」「柳は緑、花は紅」というけれど、素直にありのままを見つめる、雑念のないこころ、それこそがすばらしいのです。

純粋なこころのままに、素直に対応できないがゆえに、大人たちは、「無になどなれない」と苦しむ。

「無になろう」と考えることすら、「無」からは遠い。

「無」とは何もない状態です。

だから、「無」がどんな感じなのか、わかるわけがないのです。

わかったら、「無」とはいえません。

「無になろう」などとは考えず、まずは子どものような「妙明真心」を取り戻す。

それこそが本来の自分を輝かせることにつながるのです。

光はこころ　こころは光

お寺でお経を勤めるとき、方丈前庭のふたつの砂盛りの間から、仏様に向かって清らかな光がすーっと通っていく。

砂盛りをふたつ作ってあるのは、光の通り道を作るためです。

だから、お経が勤まる間は、その砂盛りの後ろ側に控えているものなのです。

ところが、それを知らない人が、知らずにその砂盛りの前に立とうとされることがあります。これでは光の通り道をさえぎってしまう。これは大変失礼なことです。

なぜなら光はこころであり、こころは光だからです。

汚れなく明るい真実の光、妙明真心《みょうみょうしんしん》というこころが大切なのです。

光はエネルギーです。

稲妻のように強く光ることもできます。

感動したとき、その光のエネルギーが爆発しています。

子どもの頃小僧を務めていた奈良の慈光院《じこういん》の庭は、借景庭園で、方丈前庭に池があります。

朝になると、その池から水蒸気が上がり、その上を太陽の光が滑って、直接方丈の障子に当たる。その色はもう火事にでもなったのではないかと思うほど赤く、その太陽の光の強さに驚かされるのです。

あの赤い日の光は、いまでも忘れることができません。それほどにありがたく、心をゆすぶられるものなのです。

光の持つエネルギーを受け取るとき、生きていることはありがたいと感じます。

萬里《ばんり》一条《いちじょう》の鐵《てつ》

目に見えるものを誉《ほ》めるのは容易《たやす》い。だから往々にして、なしとげた成果を見て、人を誉めてしまいがちです。

しかし、その人が出した結果だけを見て、「よく努力されました」と誉めるのは軽率《けいそつ》です。その人のなかに潜《ひそ》む粘り強さや情熱、その人だけしか持っていないすばらしいこころの奥底の光に気づき、それを誉めることを怠《おこた》っています。

もっと大切なことは、形に残るものではなく、その仕事や勉強に注ぐ情熱の燃え方です。

こんなふうに、結果だけを見て、誉めて育てられた人は、結果が出そうにないとすぐにあきらめたり、あるいは簡単に結果を出せそうな、安易な課題ばかりを選ぶ人となってしまいます。

「萬里一条鐵《ばんりいちじょうのてつ》」つまり「こころに一本、鉄棒を据《す》え付けておけ」という言葉があります。形や姿ばかりに目を奪われていると見えないけれど、その中心を貫いている鉄棒というものがどんなものにも必ず存在するのです。

そして、自らのこころのなかに、そんな鉄棒を一本持っていさえすれば、目に見える結果や、他人からの評価に左右されることもありません。

なし遂げた仕事や勉強の量で、自分をごまかしたり人から誉めてもらおうと思わないこと。

枯山水《かれさんすい》の庭は、石を仮に山と見立て、砂を仮に水と見立てて大自然の姿を表したものです。しかしそこにある石も砂も、すべては借り物。仮の姿・形でしかありません。ゆえに、仮山水（＝枯山水）と呼ぶのです。

蓬莱《ほうらい》山から落ちる滝、堰《せき》を切って大海に流れ込む水、出船や鶴亀をすべて石と砂で表現した大仙院の枯山水は、たいへん小さな坪庭《つぼにわ》です。

しかし、それゆえ一切の無駄がなく、ゆらぐこともありません。

大仙院の庭は小さいがゆえに、ゆらぐことのない大切なもの＝こころの鉄棒に気づかせてくれます。

和《わ》敬《けい》清《せい》寂《じゃく》

茶道の「四規《しき》」でもある「和《わ》敬《けい》清《せい》寂《じゃく》」という言葉は、そのまま禅のこころに通じます。

最初の「和」は〝和《なご》む〟。

「敬」は〝つつしむ〟。

和してつつしむことが、大切なのです。

次の「清」では、なぜわたしたちの生命が輝いているかといえば、それは「清々《すがすが》しさ」なんだと教えています。

では「清々しさ」とは何か。

たとえば、ひとつの仕事なり成果を、これは自分がやったことだ、だれも助けてくれなかったじゃないか、全部自分ひとりでやったんだという気持ちで生きるのは、「清」の対極にある生き方です。

ところが、「私はそれだけのことをしていないのに、偶然こんなふうにうまいこといきましてね」といえると、そこに清々しさが出てくる。

「ゆくりなくも」とかセレンディピティという気持ちになると、そこにサーッと気持ちのいい風が入る。

そういう清らかな心持ちになること、それが「清」なのです。

最後の「寂」は、〝ありのままのありつぶれ〟という意味。

狐《きつね》は狐だし、狸《たぬき》は狸。それを狸が人間の格好をしてみたり、人間が狐の格好をしてみたりするから、おかしくなる。迷いも生じる。自分をそのままに見つめるこころの大切さを説く。

なにものにもとらわれず、自分をつつしみ、ここに生んでいただいてありがたい、〝ご一緒させていただく〟という気持ちで感謝して生きること。

その大切さを教えてくれるのがこの言葉です。

自《じ》灯《とう》明《みょう》、法《ほう》灯《とう》明《みょう》

お釈迦様が残されたたとえ話に、次のようなものがあります。

洞窟《どうくつ》のなかが暗いので、箒《ほうき》を持ち込んで一生懸命に振り回し、暗闇《くらやみ》を追い出そうとした人がいました。しかし、暗闇は一向に消えうせることはなかったのです。

ところが、別の人がこの暗い洞窟に入って、灯明《とうみょう》をひとつ掲げただけで、さっきまでの暗闇が嘘のように、何一つ不自由のない明るい生活に変わったといいます。

人生もまた同じ。人生の暗闇のなかに入り込んでしまうと、次々と悩みや迷いが生じてきます。いくらもがいても、暗い考えばかりが浮かんできて、そこから脱け出すことができなくなります。

ところが、その暗闇にひとつの光をともすことができれば、人生は明るく変わっていくのです。

人間は、自らのうちにその光を持っているのです。自らがその大灯明になれるのです。

自分自身が明るい大灯明になれることに気づけば、意外と簡単に、この暗い世の中を明るく生きていくことができるから不思議です。

自らを光とし
自らをよりどころとせよ

法を光とし

法をよりどころとせよ

「自灯明、法灯明」ともいわれるお釈迦様の言葉です。

本来人間はこころのうちに光を持っています。その光るべき自分のこころが曇っているのは、さまざまな煩悩《ぼんのう》や迷いにとらわれているからです。

自分を信じ、自分のこころのなかにある情熱を完全燃焼させること。それが、「自らを光とし　自らをよりどころとする」生き方につながります。

至《し》誠《せい》奉《ほう》公《こう》

江戸末期の思想家、農政家としても知られている二宮尊徳《にのみやそんとく》には数々のエピソードがありますが、私がもっとも感銘を受けた話をご紹介します。

尊徳が生きた江戸末期は、物の不自由な時代で、畑仕事をするのにも、尊徳は鍬《くわ》をひとつしか持っていませんでした。その鍬でなんとか生計を立てようとしたのですが、ある日この鍬が壊れてしまい、使えなくなりました。しかたがないので、近所に鍬を借りにいったところ、

「自分のところでも鍬が必要だ。人に貸す鍬などあるものか。自分のところで使うために買ってあるのだ。自分の家の刈《か》り入れが済んでからでないと貸せない」

と断られました。

家に帰った尊徳は考えました。自分にはこんなに立派な体がある。何もしないで、近所の刈り入れが終わるのを待っているのではもったいない。そこで、再び近所の家を訪れて尊徳はこういったのです。

「家にいても鍬がないので何ひとつできません。お金はいりませんから、仕事があるなら、せめて手伝いだけでもさせてください」

そういって尊徳は骨身を惜しまず、その人の家の畑の手伝いをしたという。

その真摯《しんし》な態度に大変感激したその家の主人は、

「今度から、何でも好きな農機具を使ってくれ。あなたのためだったらいくらでも貸してやろう」

といったと伝えられています。

ラクな仕事しかしたくないとか、高い報酬をもらえないならやりたくないとか、計算ずくで仕事を選ぶのがいまの時代の風潮です。

しかし、人間ひとりが考えつくことには限りがあります。

そんなことよりも大切なのは、自分を精一杯丸出しにして生きること。自分を投げ出しつくすことです。そこに技術や知識はいりません。

そのことを体現したときに、清らかな風が吹いてきます。

そして思いがけず、自分ひとりの力を超えた大自然の無限の資産を借用できるようになるのです。

苦労や困難から自らを救い出すのは、自分のこころだけです。

自らを光として、その場を明るく照らし出すことこそが大切なのです。

克《こっ》己《き》復《ふく》礼《れい》

『論語』のなかに、「克己復礼《こっきふくれい》」という言葉があります。

「仁とは何か？」と弟子の顔淵《がんえん》から問われた孔子の返答がそれで、「私利私欲に打ち克《か》って、礼を尽くすのが仁（人の道）である」というような意味です。

通常、「己に克ちて、礼に復《かえ》る」と読みますが、実は「克」は三通りの読み方ができます。

「己のこころをせめる」と読めば、自分以外の人を鍛《きた》えるのではなく、自分のこころを鍛錬することに重きを置きます。

「己のこころにうちかつ」と読むと、「せめる」と読ませるときとほぼ同じ意味ですが、自己の本性・本心を「これ何ものぞ！」と追い込み、追い詰めて許さない修禅そのものを意味します。

「己のこころをよくする」と読ませる場合には、全力投球で、あるがままに本性・本心を発揮している姿になります。

「克己」というのは、折り目、節目《ふしめ》を正しくして、礼儀を失わないことです。

他人がどうあろうと、誠と真心を尽くす、それこそが人の道なのです。

礼を尽くすことなしに、よく生きることはできません。

父や我を生み、母や我を鞠《やしな》う

いつの時代も変わらないのは親の恩。

中国の『詩経』のなかに、「父や我を生み、母や我を鞠《やしな》う」という言葉があります。

明治天皇の侍講《じこう》をつとめていた元田《もとだ》永孚《ながざね》の『幼学綱要《ようがくこうよう》』の第一篇にも書かれている言葉を、ここに引用したいと思います。

哀々《あいあい》す父母、我を生みて劬労《くろう》す。

哀々す父母、我を生みて労瘁《ろうすい》す。
父なくば何かを怙《たの》む。
母なくば何かを恃《たの》まん。
出ずれば則《すなわ》ち恤《うれい》を銜《ふく》み、入れば即ち至ることなし。

父や我を生み、母や我を鞠う。
我を拊《う》ちて我を畜《やしな》い。
我を長じて我を育し。我を顧みて我を復し、出入《しゅつにゅう》我を腹にす。
これが徳に報いんと欲すれども、昊天《こうてん》極りなし。

以上を訳しておきましょう。

痛ましやお父上様、母上様。私を育てていただいて、骨折りご苦労あったとうかがっております。

痛ましやお父上様、母上様。私を生んだばっかりに、お疲れが出てご衰弱なされたと聞き及んでいます。

お父上おいでなければ相談する相手もなかったこの私。お母上おいでなければだれを頼りと致しましょうぞ。「お父上お母上に申し訳ないことをした」と家を出ても、悔やみの気持ちがいっぱいでこころが痛みます。帰宅して戻ってはみても、今ではどこにもお目もじもかないませぬ。空《むな》しさいっぱいでこころが痛みます。


父上が私をお生みあそばし、母上が私めを優しく撫《な》でて養なわせ給《たも》うたのです。私を抱いて着物の上から軽くたたいてあやしてくださった。忘れていません。私を成長させ、教育してくださいました。私に目をかけて、いつでもいろいろ心配してくださいました。外へお出かけのときも、お家においでのときも、まるで大切な宝物を懐《ふところ》に抱き隠すようにして、いつも肌身離さずご一緒していただき、こころ安らかになりました。

どうぞして、あのご厚徳このご高恩にお報いならぬものかと考えますが、思えば思うほどに、その御徳、如何《いか》にも甚大、広大無辺でとても尽くしようもありません。

手を束《つか》ねては手も出ない。膝を屈めては前へも進めないように、今の私は父母のありがたさがいっぱいでかえってそのあまり、哀しくも痛ましくも思えるのです。

「さりとては墓に布団もかけられず」。


これほどに、父母というものはありがたいものなのです。


中国の故事にも、「孟母三遷《もうぼさんせん》」という言葉があります。

孟子の母は、子どもの教育のためを思って、三度も引越しをしたというエピソードから、教育には環境が大切だという逸話としてよく知られています。

また、孟子の母には「断機《だんき》の戒《いまし》め」という故事もあります。

幼少の頃から勉学に励んでいた孟子が、勉強は終わったといって帰ってきました。そのとき、孟子の言葉から、まだ勉学が終わっていないのを悟った孟子の母は、織りかけの機の糸を切って、こういったといいます。

「お前が学業を途中でやめてしまうのは、私がこの機織の糸を切ってしまうのと同じだ。何事も完成させてこそ、織物といえるのです」

と。それからというもの、孟子は身をつつしんで、たゆまぬ努力を続け、天下に名だたる儒者となったといいます。

韓盧《かんろ》を馳《は》せて蹇兎《けんと》を逐《お》う

中国の戦国時代、韓という国にいた名犬・韓盧《かんろ》にまつわる故事成語は多くあります。

「韓盧を馳《は》せて蹇兎《けんと》を逐《お》う」とは、非常に足が速くて賢い犬に、蹇兎と呼ばれるような足の悪い兎《うさぎ》を追いかけさせることを表します。

そこから転じて、強い者が、弱い者を討《う》つときに用いられます。

『史記』の「戦国策」のなかにも、「秦卒の勇、車騎《しゃき》の多きを以《もっ》て、以って諸侯を治む。譬《たと》えば韓盧を馳せて蹇兎を遂うがごときなり」という一文が出てきます。

「忍俊《にんしゅん》たる韓盧、空しく階を上がる」という言葉もあります。賢い犬でさえも、名月にさそわれてそこにじっとしていられず、やたらに階段を上下するさまを表します。そこから、「忍俊不禁」という禅語も生まれました。

どんな猛犬でも、飼い主には従順であるから、どんなにつまらない命令にも忠実に従う。「韓盧、塊を逐う」とは、そういう意味です。

韓盧はすぐれた猟犬でしたが、人の投げる土の塊でさえも、喜んで拾いにいく。この言葉と対をなすのが、「獅子は人を咬《か》む」という言葉。獅子は韓盧とは異なり、人間に噛み付く。

禅宗では、人間はすべて獅子なのです。

獅子ならば、韓盧のように、人が作った土くれを追いかけるようなことをしていないで、その土くれを投げた人間を噛み付きにいくのです。

他人の作り出したものなど、所詮《しょせん》借り物。

そんなものに振り回されず、そういうものを追いかけなくても生きていける、強い自分を持つことです。

人には、本来そういう賢さが備えられています。

だから、足の悪い兎を追いかけたり、抑えがきかずに動き回ったり、人をうらやましがったり、妬《ねた》んだりしていたら、あなたの人生がもったいない。

掟《おきて》を心得ている者は、常にびくびくしている

先人の言葉に、「掟《おきて》を心得ている者は、常にびくびくして小心である。まともな人間なら、自らをつつしむものだ」というのがあります。

小心であるのと、自らをつつしんでいるのとは、人からはもちろん、自分自身でも見分けがつきにくい。だからこそ、しっかりと「自らをつつしむ」ことを身につけなければならないのです。

人が脱ぎ散らかした履物《はきもの》を揃《そろ》えなおす。その一事でさえ修行です。

「禅寺では、履物を揃えて脱がないと叱《しか》られるのだ」というのは掟です。その掟を守ることにとらわれてしまうと、ただびくびくして暮らす小心者を作るだけ。それよりも、自らをつつしむことをここで学びたいのです。

散らばった履物を、何の雑念もなく無心で並べなおす。それが修行であり、訓練なのです。私自身のこころの修養のために、わざわざ乱雑に履物が脱ぎ散らしてあるのだ、と考える。

自らの無心を、もっと清浄に、向上させる絶好のチャンスをいただいている。そう思える自分がうれしい。

今、こころからそう思えるようになった自分がありがたい。

平常心、それこそが道

鈍《どん》工《く》夫《ふう》

人様に向かって偉そうに説教する人間に限って、案外その人自身は、そのこと自体、何一つできないことが多いものです。

最近になって、この言葉の意味をかみ締めることが多いです。

「講釈師《こうしゃくし》、見てきたような嘘を言い」というようなことを、いままで続けてきたことに気づかされている、と言うべきでしょうか。この言葉は人に対して言うことではなく、自分自身に対する戒めとして聞くべきだったのです。

思えば、恩師である南岳《なんがく》和尚は、私に注意らしいことをほとんどおっしゃらなかったが、いまも忘れられない言葉があります。

「お前らみたいな賢い人間と違《ちご》うて、ワシは一生涯、鈍工夫一本だけを大切にして、馬鹿坊主で押し通したぞ」

どうやらこれこそが、『易経』でいうところの「謙《けん》」であると気づかされるこの頃です。本来無一物とは、鈍工夫のひと言に徹することだと反省しきりなのです。

一個通れば、万個千個、一度に皆通る

行き詰まっていたことが、何かの拍子でひとつ解決することによって、頭のなかがスッキリする。そういう経験をされた方も多いと思います。

せき止められていた川の流れが、一気に流れ出すようなイメージ。あれもできそうだ、これもできそうだという気持ちになれる。自分のなかに眠っていた自信が、目を覚ましたとでもいえるでしょうか。

すべてはひとつの糸口を見つけたことに始まります。

その糸口は、普段何事も一生懸命生きている人でなければ、なかなかつかめないでしょう。そして、その糸口さえ見つかれば、あとは堰《せき》がはずれた川の流れのように、あふれ出していく。この調子なら、あれも片づけられるという気持ちになれる。

人間スッキリした気分になったときは、行動にも軽快さがあふれる。普段の何倍もの仕事ができる。

そんなふうに毎日を一生懸命に生きていきたいものです。

一日作さざれば、一日食らわず

禅寺での労働（作務《さむ》）や修行生活の規則を「清規《しんぎ》」といいます。「百丈清規《ひゃくじょうしんぎ》」を作った百丈懐海《えかい》は、この言葉をのこしています。

百丈禅師は、自ら作った規則に従い、九十歳を過ぎても、生活を極度に切り詰められて、自ら畑仕事に精を出しておられたという。

ある日、そんな百丈禅師の体調を案じた弟子たちは、ひそかに道具を隠し、お休みになるように頼んだところ、「私には徳がない。どうして人の厄介《やっかい》になってよかろう」

といって、道具を探そうとされる。いよいよ見つからないとなると、「一日作《な》さざれば、一日食らわず」といって、食事をとろうとされなかったという。

雲水《うんすい》にとって、座禅を組んだり誦経《ずきょう》をするだけでなく、畑を耕したり、薪《まき》を割ったり、竹を切ったりして、自ら汗を流して働くこと（作務）も同じように大切な修行なのです。

禅は、日常生活のなかにこそ、求める道があると考えます。

いまを死にきる

生死事大
無常迅速
光陰可惜
時不待人

禅堂の入り口でこの五言絶句が書かれた木板を目にされることがあると思います。
「生死事大　無常迅速　光陰惜しむ可し　時人を待たず」と読みます。

「生死事大」というのは、六祖慧能《えのう》の語録をまとめた『六祖壇経《だんきょう》』に出てくる言葉です。

生死のことは、もっとも重大な問題であり、時は光陰のごとくあっという間に過ぎ去ってしまう。寸陰を惜しんで修行しなければならないのです。時は人を待ってくれません。

この言葉は、いつも私に「いま、ここ」の大切さを思い起こさせてくれます。

「歳月、人を待たず」なのです。

「いま、ここ」で、寸陰を惜しんで骨身を惜しまず、自分にできることをやりつくすこと。

「いま、ここ」をいい加減に生きている者は、いまを死にきることもできない。迷いながら、時を無駄に過ごしてしまう。

一瞬、一瞬を生ききることができる人だけが、その一瞬一瞬を死にきっています。それが本当に生きるということなのです。

そこには、生も死も、共にありながら、共に存在しない。これこそが、禅の求める境地なのです。

この木板は、座禅修行をするときを告げるために打ち鳴らすものです。そしてここに書かれた言葉は、一日の終わりに、そして一年の終わりに、過ぎた日を顧《かえり》み、こころを新たにするために高唱するものでもあります。

自らを戒める言葉として、座右に置いておきたい言葉のひとつです。

清風満地

「天地と我と一体、万物と我と同根」と昔からいわれます。

ありのままをありがたく感謝する。暑いときは暑い、寒いときは寒いと、それをそのまま受け入れ、ありのままに納得する自分でいられるとき、そこには清風が通う。

誠にありがたいことです。

「熱時は熱殺、寒時は寒殺」という言葉もあります。

熱いときは熱さになりきる、寒いときは寒さになりきる。

なりきってみる、そのなかからしか、自分のうちに隠されていた力が湧《わ》いてきません。

無一物

この言葉は、何も持たないこと、空《くう》であることを意味します。これもまた、『六祖壇経』に出てくる言葉です。

五祖弘忍《ぐにん》が跡を継ぐ者を選ばんとして、「本性般若の知恵を取り出して、一首の詩を作ってみよ」と弟子たちに命じます。そこで、六祖の先輩にあたる神秀《じんしゅう》が次のような詩を作りました。

身は是菩提樹　心は明鏡台の如し
時々につとめて払拭して、塵埃を有らしむること莫《なか》れ
（煩悩の塵埃がつかないように、日々清めなければならない）

ところがその詩を見た慧能は、次のような詩を作り、五祖から印可《いんか》の袈裟《けさ》を与えられるのです。

菩提、本より樹なし　明鏡もまた台無し
仏性は常に清浄なり　何処にか塵埃有らん
（求めるべき菩提もなければ捨てるべき煩悩もない）

すべてを投げ出して無一物に徹すること、それが禅の境地です。そして、空になることによって、逆にすべてが無尽蔵に現れてくると、この言葉は教えてくれます。

平常心是道

南泉普願《なんせんふがん》と弟子の趙州従諗《じょうしゅうじゅうしん》にまつわる公案は数多いのですが、これは、『無門関』の第十九則に見られる有名な問答のひとつです。

「道とはどんなものですか?」

と趙州から問われた南泉は、

「平常心、それこそが道である」

と答えた。そこで、再び趙州が尋ねる。

「平常のそのままのこころを、道として修行するにはどうすればいいのでしょうか」

南泉が、

「目指そうとすると、すぐに背《そむ》く」

と答えたといいます。


無心に目の前のことに取り組む、それこそが道なのです。

しかし、無心になろうと思ったとたん、それは無心ではなくなるという。

道から外れてしまうのです。


こころのあり方に目を向ける禅の世界には、「心是道」とか「無心是道」という言葉もあります。

千利休《せんのりきゅう》も、「茶の湯とはただ湯をわかし茶を点てて飲むばかりなるものとこそ知れ」

といったといいますが、自分の行動の一つひとつに気づき、常に揺れ動いている自分のこころのありように気づき、やがて本当に求めるものが、日常の生活のなかにあることを知る。それこそが「道」なのです。

何も特別なことをしなくても道はそこにあります。

行住坐臥《ぎょうじゅうざが》、日常生活の一瞬一瞬を懸命に生きるだけです。

百尺の竿頭に一歩を進める

「世間の常識からいったら、こうあるべきだ」とか、「普通は、こうしなければならない」などと、他人任せの決断をすることがないでしょうか。

ここには本来あるべき自分がありません。

自分はどうしたいのか、自分はどうあるべきなのか、をどこかに置いてきぼりにしています。

現状に満足しようと思えば、あれこれ悩むこともない。何事も世間のせいにしてしまえば、ある意味ではラクかもしれない。

でも、いまあるところに腰を下ろしてしまったら、「現状を維持するだけで精一杯の自分」「世間の常識に縛られた自分」しか出てきません。これではつまらない。

「百尺の竿頭に一歩を進める」という言葉があります。ここまできたらてっぺんだと思っても、さらに一歩を進める。それでこそ、常に生き生きした自分がある。

百尺の竿の先まで辿り着いて、何かを悟ったと思っても、またさらにそこから一歩を進めることで、その極みさえもまた超えていく。それが禅の目指す世界なのです。

そこに留まっていたら、悟ったことさえ、ただの慢心に変わってしまう。

竿の先から、さらに一歩を進めれば、時には命を失うことだってあるかもしれない。それでもその勇気を持たなければ、そこで世界は閉じてしまう。

自分の最大の敵は、自分のこころです。

罟《こ》獲《か》陥《かん》穽《せい》

世界的にも有名な仏教学者、鈴木大拙《だいせつ》の師であり、夏目漱石の小説にも登場する幕末の名僧、今北洪川《いまきたこうせん》禅師の著した『禅海一瀾《ぜんかいいちらん》』という書物があります。

これは、洪川禅師が、その主君吉川《きつかわ》侯に、孔子の言葉を引きながら、禅の心を奏上した、それをまとめたものです。

その第二十三則に「驅納《くのう》」という項があります。

ここに引用してみます。

孔子曰く、人皆予知ると曰ふ。諸を罟獲陥穽《こかかんせい》の中に納れて、之を辟くることを知らず。人皆予知ると曰ふ。中庸を択んで期月も守ること能はず。
(孔子はおっしゃった。自分は物事をよく知っていると人はいうけれど、檻や網や落とし穴に落とされたら、逃げる術《すべ》を知らない。私は物事をよくわきまえていると人はいうけれど、中庸を実践しようとして、一ヶ月の間もこれを守ることができない)。

この部分は、『中庸』からの引用です。

ここで大事なのは、「罟獲陥穽」という言葉の前とあとに、孔子は「自分はわきまえていない」ということを二度も繰り返しておられる、ということです。

洪川禅師は、この言葉について、次のような自分の経験を交えながら、禅のこころについて説《と》き明かしています。

山野始め萬獄に在りし日、無為先師問うて曰く「忽ち大力鬼王有り、背後より汝を捉えて焰焰たる火坑に投ずれば、汝却って出身の路有りや」と。山野答ふること能はず。慚汗流背す。多日心身懊悩、一日忽ちこの罟獲陥穽の語を憶起し、大いに省覚あり。

（私が京都の相国寺《しょうこくじ》で修行していた頃、無為先師が聞かれた。「怪力の鬼が、突然後ろからあなたを捉えて、炎々たる火のなかに入れた。あなたはどのような自由な働きができるのか」と。

私は答えることができず、冷や汗ばかりが流れ、幾日も安らぐことなくこの不安に悩み続けた。ある日、この孔子の「罟獲陥穽」という言葉を思い出し、自分は自由な働きなどできないし、逃げることもできないが、そのことを知っていればいい、わきまえてさえいればいいのだと大いに悟った）。

大切なことは、自分はわきまえてない、と自覚することなのです。

そうすれば用心もし、穴に落ちることもありません。「俺はわきまえている」という人に限って、穴に落ちるものなのです。

あの孔子でさえ、二度も「自分はわきまえてない」とおっしゃっています。

人生には檻や網や落とし穴がいっぱいあるものです。

だから、「死後の世界とは?」などという人生の穴に落ちたら、自分は逃げることができないほど、できていない人間なのだと自覚することが大切です。

私にとっては、「死後の世界とは?」という質問こそが、「罟獲陥穽」なのかもしれない。

私ならば、「死後の世界」について、よくわきまえているだろうと。

ところが私も孔子と同じで、少しもわきまえてなどいないのです。

穴があったら落ちてしまいそうになる人間だと自覚する。そこにしか穴から逃れるすべはないのです。

生死を超えて生きる

生死《しょうじ》を超えて生きる

いまこうして生きていること自体、すでに生死を超えています。

いまここでこうして生きている私もあなたも、この部屋にある障子も座布団も、湯呑みさえも、生死を超えています。そんなふうに考えてほしいのです。

生死を超えたところに、人間の面白味も生まれてきます。


たとえば猪《いのしし》の絵を描いて、「いのしし」と書いても全然面白くない。正しいことをいっても面白くない。

女の人に向かって、「この人は女や」といっても、「そんなん当たり前やないか。あほちゃうか」といわれて終わる。ところが、「この人は男や」といってみると、その人は怒るかもしれないし、腹を立てたりするかもしれないけれど、驚いたり、喜んだり、笑ったりするかもしれません。

そうやって、こころが動かされる。そこが面白い。それでこそ、いろいろなものが生きてくる。

大仙院には、入り口に大きな火鉢《ひばち》を置いています。お客様を連れてきて、案内をお寺の者に任《まか》せた観光タクシーの運転手さんは、火鉢の前に座ってホッとひと息ついてこういわれました。

「これは灰皿ですやろ。あっしのためでございますね」と。

何も煙草を吸う場所を提供しているつもりはないし、お客様をたくさん連れてきてくださるようにと、タクシー運転手さんのために便宜《べんぎ》を図っているわけでもありません。

しかし、その運転手さんの何気ないひと言に、なんともいえない人間味を感じてうれしくなりました。

生死を超えなければいけないとか、ご飯も食べずに悩んでばかりいたら、こんな人間の面白味に気づくこともないでしょう。

先が見えず、行き詰まりを感じる時代だからこそ、そういう人間のこころの面白味や、人間の味わいを感じられるこころを持っていたい。

何も「生死を超えて生きるとは？」などと思い悩むことなどないのです。

完璧でないから面白い

四角いクリスタルには必ず一辺だけ、薄く角《かど》がとってあります。

大徳寺の聚光院《じゅこういん》の蹲《つくばい》の一角も、やはり角がとってあります。

完璧なものにあえて不完全な部分を作り出す。そうすることで、その景色が自然と一体になります。


この世にあるものに完璧《かんぺき》なものなどありません。不完全であるからこそ面白い。

上等の壺《つぼ》を便所に据え付ける。それだけで便所がピカッと光る。他にはないほど立派な便所になる。世の中、どこもかしこも規格品の便器ばかりになっているから、なお光る。

すべてのものは、生かすも殺すも自分次第なのです。

湯呑みひとつにしても、まとめてなんぼで売ってるような安物の湯呑みでお茶を出すなんて、お客様に対して失礼だとか、思うも思わないも自分次第。

あえて不完全なものを楽しむこころ、そういうこころがあれば、どんなものも生きるのです。

人を尊敬するこころは人生の宝です

昔は「志」というものがあったので、勉強になりました。

「志」とは、「こころに突き刺さる」という意味。

お寺の拝観料にしても、お寺に泊まっていただいたお客様からいただくお礼にしても、「志で結構です」と申し上げたものです。

「あなたのお気持ちだけで結構です」という言葉が通じました。


ふだんお客様のないお寺は、台所事情も厳しい。

「お志で結構です」と申し上げても、結局のところなにがしかのお金をいただかなければ食べていけません。

それならどうすれば喜んでいただけるのか――。


こんな偉い人、滅多にいらしていただけない、ありがたいと思ってこころからお仕えする、それだけです。

「いらせられませ」というような、いまはだれも使わなくなったような尊敬語を、子どもの頃から自然と口に出るように教えられたことは、ありがたかったです。

おかげでどれほど助かったことでしょうか。


お金をいただくためとか、給料をいただくために、しかたなくやっているというのでは、人のこころを動かせません。

こころから人を尊敬すること、そこからしか人のこころは動きません。志とは、相手のこころに向かって、自分を一歩一歩進めていくことでもあるのです。

人を尊敬する、それは生きていくうえで、その人の「宝」となるものです。

そして、「これは宝だ」と思ったら、その言葉を覚えておくだけではなくて、まるごと体に覚えさせせる。

体にしみ込ませるように、身につけておいてこそ、いざというときに使えるのです。

いつでも自然に出てくるくらい体験を積み重ねておくことです。

永劫に別れていても、一瞬も離れていない

人生で大切なのはその一瞬、一瞬だけなのです。

大徳寺のファウンダーである大燈《だいとう》国師と花園《はなぞの》上皇との問答書のなかに、次のようなものがあります。

億劫《おくこう》、相い別れて、而《しか》も須臾《しゅす》も離れず。
尽日《じんじつ》、相い対して而も刹那《せつな》も対せず。

此の理、人々之れ有り、如何なるか是れ恁麼《いんも》の理、伏して一言を聞かん。

昨夜三更《さんこう》、露柱《ろちゅう》、和尚に向って道《い》い了《おわ》れり

大まかに訳すと次のようになります。


永劫に互いに別れていても、一瞬も離れていない。

終日面と向かい合っていても、少しの間も相対していない。

このことわりは各自の人に具わっている。このような理とはいったいどのようなものなのか、伏して一言承りたい。

昨夜真夜中に、露柱が和尚さんにとっくに申し上げました。


永劫に別れていても、一瞬も離れていない。そして、その瞬間が大切だということを教えてくれます。

悩みも悲しみも、まずは寄り添ってみる

自分にいい聞かせるために、人に教える

「親の意見となすびの花は、千にひとつの無駄もない」という言葉がありますが、私は、「若いもんの意見となすびの花は、千にひとつの無駄もない」と言い換えたいです。

歳をとると、ついつい「わかってる」「決まってる」「知ってる」「常識や」といって、そこに座り込もうとします。

ところが、いままで自分がやってきたことや、知っている場所にどっかりと座り込

んでしまったら、すぐにアウトになるような大きな変動の時代に私たちは生きています。

だからこそ、その場その場に応じて変わっていけるような柔軟なこころが大切だし、歳をとってからでも勉強させてもらう、という習慣を若い頃から身につけておきたいのです。

自分の持っているものを百パーセント出し尽くす。人に教えさせていただく。人からも大いに学ばせていただく。常日頃からそういう心意気で生活していると、それが習慣になります。

大仙院を訪ねてくれる高校生たちに、「帰ったら、この修学旅行の話を、年寄りに報告に行きなさい」とよくいいます。

「聞いていただく人がいれば、自然と自分も勉強する。だから、年寄りを放っておく手はないよ」と話をさせていただいています。

もし、あなたが年寄りの立場だとしたら、お孫さんの話をよく聞いてあげてほしい。そして一緒に楽しんでほしいのです。それこそが本当の教育であり、人を育てていくことなのだから。

どんな立場にあろうとも、人に教えることなどないのです。人を指導させていただくというのは、すべて自分に言い聞かせるために、人に聞いていただいているだけなのです。

お釈迦様だって、最初の説法は鹿を相手になされたというではないですか。

「生まれてこなければよかった」という人へ

「ただ親を困らせたいからいっているだけだとわかっていても、子どもから『生まれてこなければよかった』などといわれると、どう答えたらいいのかわかりません。そういうときには、どうすればいいんでしょうか」

と親御さんから尋ねられることがあります。

でも、親であるその人自身、もうお気づきではありませんか。ただ親を困らせたくて、いっているだけだと。

だから、ただ、「参った、参った」というだけでいい。それだけで子どもは立派に伸びていきます。

しかし、ただ降参するふりをするのではなくて、こころから参ってしまうことが大事です。ついつい「わかった、わかった」などと、したり顔で物わかりのいい親を演じてはいけません。

子どもは親に打ち勝ちたいだけなのです。

親の仕事は、親勝りの子どもを育てること。そして、子どもが親を乗り越えて立派に育っていくのを見ることこそ、親の幸せというもの。

大人になっても、「私なんか生まれてこなければよかったんです。こんな人生、死んだほうがましです」という人がいます。

でも、こんな言葉を口にする人に限って、本当に死のうとはしない。手首の傷を、まるで勲章のように見せる人もいます。立派な履歴書のように披露《ひろう》されるが、そんなものは、勲章になどなりません。

「死んだらどうなるんでしょう？」などともっともらしくいいたがるのは、だいたいこういう人です。

言葉も体も、すべて借り物です。この世の中に生まれてきて、それらをちょっと拝借しているだけ。

変わらないのはこころだけ。そう思えないから、小さな、目の前にある現実にとらわれるのです。

こころというものは、ずっと続いていくから尊いのです。

だから、〝大悲願〟とか、〝大祈願〟という言葉が存在するのです。

自分のことばかり考えている、利己的な小さな願望など、かりそめのもので、この世から自分がいなくなったら消え失せてしまいます。

でも、自分が死んだ後も、こころはずっと続いていくから、こころには〝大〟という字を使うのです。

死んだほうがましだと思うのは、自分で作り上げた妄想でしかありません。

そのことにはっきりと気づく、道はそこからしか開けてこないのです。

家庭が修行道場

人は自分が見たいように現実を見るものです。

自分はちゃんとやっているのに、あいつがやってないとか、こいつを放り出したらうまくいくのに、と考えてみたりする。

自分ができていない、それこそが問題であるのに。

子どもがイジメにあっているというと、「こんなことになるとは思いもしませんでした」という母親も多いです。

自分は子どもの味方だと思っているだけ。そして、自分のことをさしおいて、相手の態度や言葉ばかりが気になる。

躓《つまず》いていない人は慢心だらけの人。自分を鍛《きた》えるのを忘れ、人の批判ばかりしたがる。隣の芝生が青く見えてしまう。

夫に対して、あるいは妻に対して、「こんなに至らない私なのに、ご一緒させていただいてありがたい」と扇子《せんす》を一本間に置いてみる。

「発憤《はっぷん》」という言葉は、背筋を伸ばして、自分のほうから体を持っていくということを意味します。そういう気持ちで自らつつしむ。毎日毎日訓練する。

だから家庭こそが修行道場なのです。

「悩み」や「悲しみ」と付き合ってみる

人から「悩み」の相談を持ちかけられることが多いのは、私自身がいままで悩みととことん付き合ってきて、悩みとの付き合い方がいちばん上手だからだと思うことにしています。

お葬式に私がお弔《とむら》いに伺うと喜んでくださるのは、私が「悲しみ」との付き合い方がうまいからなのだろうと思うのです。

悩みも悲しみも、まずはそこに寄り添ってみる。付き合ってみる。そのことで、それすらも自分を生かす力となるのです。

子どもの頃から怖がりで、それがいまだに治りません。そのおかげで、私はお寺の和尚さんや偉い方々、そしていまは若い方から大切に保護してもらっています。若い頃から叱《しか》られてばかりで、いまでも叱られずにすむことが少ないくらいです。だからいつまでも若いのだとも思えます。

どんなことも、自分のこころ次第。そしてそのこころは、ちょっと力を抜いて、自分の体の位置を少しずらすことで、自在になる。

禅の修行僧のことを「雲水《うんすい》」といいますが、これは、行く雲や流れる水のように、なにものにもとらわれない悠然たる姿を意味する「行雲流水《こううんりゅうすい》」という言葉に由来します。

もともとは、宋の詩人、蘇軾《そしょく》の言葉で、一所不在、無執着、自由に生きる姿を指し、禅の修行者にふさわしい呼び方です。

禅の修行とは、ひとところに留まらない、人間のこころの自由さを手に入れるために行うものなのです。

若い頃に僧堂でそういう修行をさせてもらったおかげで、歳をとったいまでも、こころや体が自然にそんなふうに動く。これは本当にありがたいことだと思っています。

セレンディピティ

人は、ふたつとないありがたい人生に生まれついています。

だからこそ、思いもかけず、幸せな出来事にも出会える。不運でさえも、ハッピーアクシデントに変えることができる。

それを私は、セレンディピティ（ゆくりなくも）と思いたい。

入院すると、毎日決められた病院食が出てきます。それを、「こんなまずいものが食えるか！」とか、「あれを食べてから死にたかった」と不平不満ばかりをいっていても始まらない。

そのときは失敗したと思うようなことも、「こんなにありがたい結果に終わった」と結べるようなことが人生にはあるものです。

それを「奇跡」とか、「不思議の悟り」という人もいます。

「さだめ」というものは存在します。

「人には決められた運命というものがあるのですか?」と聞かれることがありますが、私にいわせれば、人間として生まれたからには、他のものに生まれ変わることなどできない、それこそが定められた運命だということです。

人間がタコに生まれ変わるわけにはいかないし、狐にもなれない。タコや狐もまた、人間にはなれないのです。

しかしその一方で、「すべての出来事には意味がある」と考えて、辞典ばかりをこしらえようとするのも無駄でしかありません。

「不立文字　教外別伝」の禅の世界では、すべての出来事は自分にいって聞かせることばかりだからです。

不遇《ふぐう》でさえも、修行のための道場だとして、必然の事柄として、自分自身に切りつけていくしかない。意味があろうがなかろうが、頑張《がんば》った上にも頑張るのは自分だからです。

「意気あるときは意気を添う」という言葉があります。

修行をするときは、徹底的に修行をして、努力を惜しまないことをいう。

そして、この言葉は、「風流ならざる処、また風流」と続きます。そういう自由自在の境地がそこから先に開けてくるのです。

人の失敗は大いに許す

人の失敗大いに許せ。
己の失敗絶対許すな。
己の困難を人にいうな。
人の困難は聞き捨てにするな。

人の失敗は許し、己の失敗は許すな。自分がしんどいのは人にいうな。
チョウチョだってアリだって、そんなことはひと言もいわない。しんどがっている

悩みも悲しみも、まずは寄り添ってみる

のは自分だけではないか。
でも、人が困っていたら、放ったらかしにするな。
「他人には優しく、自分には厳しく」するには、この四項目がすべて同じように大事なのです。

こんなふうに人助けに生きていれば、あなたをお手本にしたいという人が山ほど出てきます。常に積極的に人々を幸せに導く仕事をする、そういう自分を目指したいのです。

私が色紙によく書かせていただく言葉に、
「気は長く、
心は丸く、
腹立てず、

人は大きく、
己小さく」
というのがあります。

「気」の字を縦に長く書き、「心」は円のように、「腹」は立てずに横に寝かせて書きます。「人」は大きく、「己」は小さくというのは、人を尊敬するというのは、人を立て、自分自身は謙虚に小さくすることに他ならないからです。
『易経』にもあるが、「謙」ということほど強いものはありません。

すべてこの世は大安楽

「生老病死」さえもありがたい

人間に生まれた限り、「こそばゆい思い」もありますし、「呆《ほう》けてきたな」という自分にも出くわします。「病の気」を授かるときもあり、「死での旅路へのお出迎え」もあります。

そのすべてが、何もかもありがたいのです。それ相応の功徳《くどく》も積んでいないのに、もったいなく思えることばかりです。

「春の小川はさらさら流る」という歌がありますが、さらさらしたこころでなければ、「生老病死」は苦しみでしかなく、この世をネチネチと不満ばかりいいながら過ごさねばなりません。

親や子、夫や妻など、人と人との間にある愛情を、私は「尊敬しあう」と呼んでいます。尊敬とはもちろん、「俺はお前を愛しているんだ」ではなく、「私ごときがご一緒させていただいてありがたい」と感謝しあうことです。

この尊敬すべき人が亡くなったとき、現実を受け入れられないほどの悲しみに打ちひしがれる人もいます。
しかし、私は、亡くなった人は、私にとって立派なお手本であったと思いたい。そうすれば、故人とのお付き合いは、こころとこころの楽しいものに変わると思うのです。

日々学ぶ

大徳寺を開山した大燈《だいとう》国師の師である大應国師は、鎌倉時代に宋《そう》の国に渡り、虚堂《きどう》禅師のもとで九年間の修行生活を積み重ねた末に悟りを得たと伝えられています。その大應国師が日本へ帰るというとき、師である虚堂禅師から次のような偈《げ》を送られたという。

敲磕《こうかつ》門庭細揣磨《しま》
路頭尽処再経過

明明説与虚堂叟《せつよきどうそう》
東海児孫日転多
（門庭を敲磕して細やかに揣磨し、路頭尽くる処再び経過す
明明に説与す虚堂叟　東海の児孫日にうたた多からん）

虚堂禅師は、帰朝する大應国師に「われわれの宗派は、必ずや日本で栄えていくだろう」といって送り出してくれたといいます。そしてまさにその通り、その後大燈国師、関山慧玄《かんざんえげん》禅師と続いて、日本で臨済宗が栄えていくことになります。

その一派である大徳寺派の総本山、大徳寺には、武将や高僧の墓所として建立された二十二ヶ所の塔頭《たっちゅう》があります。そのひとつである大仙院で五十年以上、私は住職を務めさせていただきました。
「高校時代の修学旅行以来、久しぶりに来ました」と足を運んでくださる方も多く、

ありがたいこの頃です。

最近は、大徳寺のことについて、きちんと学びなおそうと、日々励んでいます。実はさきほど紹介した虚堂禅師の偈も、コピーを便所に貼って毎日見るようにしていたものです。

歴史や文化というものは、学べば学ぶほどに面白い。

朝鮮使節の通る壱岐島に、なぜ大徳寺派の寺院が十ヶ寺もあるのか。大徳寺がなぜ堺の商人たちから多大な援助を得ることができたのか。南北朝時代からの天皇家とのつながりや歴代の権力者との確執、大阪の住吉大社との関係など、いまいろいろと勉強させていただいています。

若い頃さぼっていたおかげで、いまやらせていただいている勉強がとても面白い。これはありがたいことだと思います。

自分にはとても及ばないと思うような場所に自分を置いていていただく。ありがたい、もったいないと思ってそこで一生懸命に励む。そういう日々こそが尊いのです。

これからは、大仙院ばかりでなく、大徳寺のこと、そして禅のこころを、もっともっと多くの方々に伝えていければと思う。

そのために勉強もし、英語の歌も覚えて、皆さんに喜んでいただけたら、これほどうれしいことはありません。

人間の器

器というものは、大きければ何でも入ります。

雨が降れば傘を差し、腹が減ったら物が食える。

結婚式の披露宴に呼んでいただいたときは、ご馳走が出るのだから、お腹を空《す》かせて出席すべきなのです。自由自在に何でもできる人、それでこそ楽しい。

人は生まれてくるときも一人ですが、死ぬときも一人。

しかし、一生の間にさまざまな人と出会う。その出会いが尊いからこそ、「人間」と書くのです。

その尊いものを相手の人との間に生み出すことができる人が大器なのです。

だからこそ、こころの大きさこそが器の大きさなのです。

地獄も極楽も、自分のなかにある

人のこころは自由ですから、地獄も極楽も天国も、あなたのご希望通りなんでも調達できます。

人を脅したり、怖がらせて生きている人もいますが、イジメにしても、自分がいじめられていると解釈するかどうか次第で、地獄にも極楽にもなるのです。

あなたを貶《おとし》め、あなたを思いのままに操ろうとする人がいてくれるおかげで、殺してやりたいと思わずにはいられない人と一緒に生活しているおかげで、目を覚まして生きていけると考えることもできます。
あんな人に気を使う必要などない、と思ってしまったら、その人と一緒にいる時間は、ただ居眠《いねぶ》っているだけの時間になってしまいます。

自分をいじめていないから、人からいじめられるとこたえる。人の言葉に、言動に左右される。自分が見えなくなってしまっているのです。

人間のこころというのは、それほどに自由なのです。

災難もまたありがたい

「災難に逢う時節には、災難に逢うがよく候。死ぬ時節には、死ぬがよく候。是はこれ災難をのがるる妙法にて候」

良寛《りようかん》の言葉です。

災難から逃げられないのだとしたら、自ら災難を受け入れる。

だれも死から逃れられないし、死期が訪れたらただ粛々《しゆくしゆく》とそれを受け入れるしかないのと同じだと思えばいい。世の中には、自分の力ではどうにもできないことがあるものです。

災難を受け入れれば、災難からなんとか逃れようとして思い惑《まど》うこともない。新たに災難が襲ってくることもない。

避けがたいことは避けられないと知る、自分の力ではどうにもできないことは、どうにもならないと知る。

だからしようがないのだと言い訳してみたり、そこから逃げるのではなく、自分からそのなかへ飛び込んでいく。それこそが、最上の生き方なのです。

自分が人生の主役になってみると、世の中の見え方も変わります。

災難さえもありがたいと思えます。

事のならざるは、無常を思わざるがゆえなり

人間は自分の命が儚《はかな》いものだということを忘れて、自分はまだ死なないと考えてしまいます。だからいつまでたっても事を成就《じょうじゅ》させることができないのです。

これはいまをおろそかにすることを戒めている、道元禅師《どうげんぜんじ》の言葉です。

アメリカ人の母親が、子どもにこういい聞かせていたのを聞いたことがあります。

「それが正しいと判断するのなら、いまのうちにやっておきなさい。あとでやるなんていっていると、安易に悪い道へと落ち込んで、人生を踏み誤ってしまうあなたです

から」

この話のなかには「アゲインスト」という単語が出てきます。これは、背中合わせに、という意味。その行為の裏側には、「明日やればいいだろう」と考えて、いまをおろそかにするもう一人の自分を戒めています。

お願いしてやらせていただく。それが自分のこころを育てることになります。それを怖がったり、気後れしたりすることなく、自ら飛び込んでいける自分になる。それでこそ、事をなしとげることができるのです。

自分で自分のこころを育てる。そのために托鉢《たくはつ》に行き、修行をするのです。少々大変なことでも、正しいと思うことを即座に実行するのです。

練習常全

昔、慶應の野球部にいた人が残した「野球十訓」のなかに、「練習常全」という言葉があります。

常日頃から、人の三倍も四倍も練習しておく。そういう人だけが、打つべきときにホームランを打てるのです。

打撃のセンスがあって、練習のときはいくらでもホームランを打てるような人でも、普段十分に練習していないと、ここぞというときにカチカチになってしまって、ホームランが打てない。本番に限って、なぜかいつもの十分の一くらいの力しか出せないことも多いのです。

現代は、功利的な考え方をする人が多くなって、結果を出した人が偉いとか、本番さえうまくいけばいいと考えがちです。そして、ついラクな道を選ぼうとします。

人生では、やったにもかかわらず、うまくいかないことも多い、という現実もあります。しかしだからこそ、いまあなたにできる練習をきちんとやっておくことが大事なのです。

テレビのアナウンサーや落語家など、話すことを仕事にしているプロでさえ、だれもいない部屋で、壁に向かって、今日のセリフを何度も何度も声に出して練習するといいます。

人に聞かせる前に、とことん自分にいって聞かせておく。何があっても、目をつぶってでも勝手に言葉が出てくるまで練習するのだという。

「鉄は熱いうちに打て」という言葉もあります。

自分で自分にゆさぶりをかけるのです。

思い立ったが吉日、いまここで頑張らずにいつ頑張るのです。

怠るのは死の道

釈迦の言葉に、次のようなものがあります。

怠《おこた》るのは死の道、努《つと》め励《はげ》むのは生の道である。
愚かな人は怠り、智慧《ちえ》ある人は努め励む。

釈迦は、怠惰《たいだ》をもっとも嫌い、精進《しょうじん》を尊びました。
仏教でいうところの「精進」とは、「努力」というよりも、「人間が本来持っている、人間を人間たらしめている仏性（人間性）を開発して、自らを高めようと励むこころ」を意味します。そして、それこそが、生まれながらに持ち合わせている、その人の宝なのです。

いまこのときを、完全燃焼させること。いま、ここに徹しきること。それが「生の道」なのです。いまを怠っていれば、ただ下りに人生の坂を転げ落ちていってしまいます。

怠惰な人は、「死」という名前がついたゴミ箱に、自分を投げ入れようとしているようなもの。そして、自分を捨てるそのゴミ箱がどんなゴミ箱なのか、そんなことばかり気にしている。まったく意味のないことです。

大切なことは、自分のこころを一歩一歩、自分で前へ前へと進めていくこと。その一歩一歩が道となるのです。

茶道にしても、ただ作法通りにお茶を点《た》てればいいわけではありません。自分にはそんな資格がないのに、こうやって皆さんにお茶を点てさせていただいている、ありがたい、という気持ちが大切なのです。

それは、相手のこころに向かって自分を一歩一歩進めていくことに他なりません。

こころを鍛えているのです。

こころを高めていくのです。

すべてこの世は大安楽

大安楽という言葉から、どんなイメージを抱かれるでしょうか。

何でも思いのままで太平楽に過ごせること、あるいは大往生《だいおうじょう》をイメージされる方も多いのではないかと思います。

しかし、お金や地位や権力を持ち、勝手気ままに生きられること、あるいは長生きして幸せな最期《さいご》を迎えられることを望んでも、人間の欲望には限りがありません。

他人から見れば十分幸せに思える人も、「もっと、もっと」と思うと、いつになっても安心することなどできません。

だれも自分を振り返ってくれる人がいなくても、そのときは振り返ってもらわなくてもいいと考えてみましょう。それだけでこころも軽くなる。

あほのときはあほでやっていたらいいし、引き立てられるときは引き立ててもらえばいい。

それでこそ死に顔も落ち着いて、釈迦の涅槃《ねはん》も顔負けの大往生ができるのです。

大往生

五歳、十歳は糞垂《くそた》れ小僧。
十歳、二十歳はしょんべん垂れ小僧。
三十、四十は洟《はな》垂れ小僧。
五十、六十、花ならつぼみ。
七十、八十で働き盛り。
九十になって迎えが来たら、百まで待てと追い返す。

七十代の人など、まだまだ働き盛り。自分のこころを、魂を磨くために、平生《へいぜい》からたっぷり仕事をさせてもらわなければならない。いくつになっても、体を動かさなかったら、体は鈍るし、こころも鈍る。本当にあほになってしまう。

いくつになっても、「させていただく」という気持ちが大切。そういう気持ちになれるとき、こころも空っぽになっているものです。そんな自分を目指したいのです。

百歳まで待たせたあとがまた大事です。ここで務めを怠らずに精進してこそ、百、百十、百二十、百三十歳になったとき、人間として認めてもらえるような言葉が出てきます。

「川が流れるのではなく、橋が流れる」といえるようになる。

「この魚、うまいな！」というのが、悟った人の言葉です。
悟った人の言葉は、こんなふうに面白いものだ。

あとがき

「死とは?」「老いるとは?」「生きるとは?」……などといろいろと考えることは大事です。しかし、そのことにとらわれると、そこにはまってしまって身動きがとれなくなります。

しかも、はまってはいけない、とか、はまる、はまると思うと、知らないうちにはまってしまう。はまってしまうと、もうどうにも逃げ道がなくなって、苦しくなってくる。

しかし、苦悩を作り出すのもこころなら、そこにとどまって苦しみ続けるのも、そしてそこから自由になるのも、すべてあなたのこころ次第なのです。

そのこころを自由自在に動かせるようにしておくためには、無心になって、いま、ここを一生懸命に生きるしかありません。

人から見ればどんなに大変だと思えるような生き方であっても、歌のひとつも歌えば気持ちも晴れるし、疲れ果てるほど仕事に打ち込めば、快い眠りが待っている。

見方をちょっと変えるだけで、正面からちょっと体をずらすだけで、それほどのことではないと思えるようにもなる。心が少しラクになれば、何事も「ありがたい」と思って喜びをもって生きていくこともできる。

人はこころがすべてであり、こころのありようは、すべて自分が決めるのです。

年齢を重ねたいま、すべてはこころだということが、実感としてわかるようになりました。

歳を重ねるにつれて、「知ってる」「わかってる」「決まってる」とその場に腰を下ろしてしまったら、それでおしまいです。そうやって怠けようとする自分のこころをどういうふうに運営していくか、養いをつけていくか。実生活、それこそが修行なのです。

どんなことに出会っても、思いもかけず、ゆくりなくも、そんなご縁をいただけるのはありがたい、そんなふうに自分を持っていけるのも、ふたつとない自分のこころだけなのです。

自分のこころを自分で運営することができたとき、死や生、老いからも自由自在になって生きることができます。

尾関宗園

今を、生きる
一日一禅

著　者　　尾関　宗園
発行者　　真船　壮介
発行所　　KK ロングセラーズ
東京都新宿区高田馬場4-4-18　〒169-0075
電話（03）5937-6803（代）
http//www.kklong.co.jp

印刷・製本　（株）ブックグラフィカ
落丁・乱丁はお取り替えいたします。※定価と発行日はカバーに表示してあります。
ISBN978-4-8454-2528-0 C0095 Printed In Japan 2024

本書は2007年８月に『一日一禅　いまを生ききる禅のこころ』（徳間書店刊）として出版された書籍を改題改訂して新たに出版したものです。